QUINTAL

1ª edição | São Paulo, 2018

QUINTAL

Paulo Carvalho

LARANJA ● ORIGINAL

sumário

07 No quintal
08 Benfazeja
09 Enfermos
10 Tempo disseminado
12 O peso da leveza
13 Peço que me desculpe
14 Ladrilhos
16 Rentrée
17 Fugidio
19 Gosto das uvas
22 Rolinha
24 Fecundo
25 Bordado incompleto
27 Pecado futuro
29 Rarefação
31 Nos vãos do mundo
34 Proteção
35 Diário
36 Natural
37 Monotonia
38 Labaredas
40 Máquina
41 Compotas
43 Noveleta
44 Sob tijolos
45 Vale do até
47 Dá dó
49 Todos os dias e mais um
52 Vintage
53 Fria trajetória
55 Divindade
56 Deus e Sua comédia
59 Polaroides
61 Canhoto
63 O risco do malabarista sobre a linha

No quintal

Talvez eu morra.
Talvez perca a chave.
Talvez o sol da tarde venha
a se tornar uma masmorra.
Mas morra.
Morra jovem, pois morrer é ver a bela tarde
ao virar da simples chave
em que a memória estúpida se escoa.
Não, não morra,
venha umedecer-se na garoa,
descobrir que se tornou parte de ti
tua própria sombra
e ver que o homem morto é aquele
que não sonha.

Benfazeja

Peço perdão mais uma vez
por ser poeta:
o risco de ser outro.
O mundo do navegador é redondo.
E o meu, horizonte partido.
O corpo nu no frio recinto,
fingindo não ter ouvido,
é o nascimento da poesia
de benfazeja autoria:
Deus, Teu filho.
Assinando embaixo:
e deves limpar o chão.
Jesus tem cordas pra amarrar
os pés e as mãos
e tempo pra viver na cruz.
Eu não.
Oro pro Pai lá no céu,
durmo pensando em Teresa.
Teresa quer passear de jangada,
mas de jangada não posso não.
Falta-me fé, falta-me chão.
Só não me falta a palavra,
riacho do coração.

Enfermos

Com tanto remédio
sobre a mesa
imagina-se que adotamos
como conduta
uma falta de gentileza,
postura indefesa,
senha e códigos pra vida.
Os frascos, imaculados
pela sapiência dos cientistas,
pouco a pouco nos avisam:
— É hora da nova dose.
Eles não sabem...
Embora surja outra razão pra poesia.

Tempo disseminado

> *Ou não sabeis que todos quantos*
> *fomos batizados em Jesus Cristo*
> *fomos batizados na sua morte?*
> Romanos 6, Versículo 3

Quando perdeste a textura da pele,
eu corri pro teu retrato na parede.
Depois tive febre
uma espécie de engano
dentre os terríveis danos
que eu causei a alguém?
Nem sei
quanto tempo deixei
sem ver
que tudo isso ainda é você.
E me encerrei no centro
de uma sala branca
observando imóvel
arrepios de bebê:
que agulha é essa?
Que corte é esse?
Venha, Santa Paulina,
diz que não é ferida,
finda em mim todo
o rancor da prosa.

E alguém sopra:
faz poesia que sublima.
Meu poema,
nestes tempos,
só suplica.

O peso da leveza

Lúcia chorava na beira do córrego.
Ontem perdera o filho pródigo
no quarto dia de febre.
Que Deus a leve.
Que Deus a leve.

Peço que me desculpe

Chegava sempre às nove horas da noite. Na mesa, o prato de porcelana conjugado a talheres de alumínio e o odor milagroso do jantar. A mãe preparava temperos com delicada precisão que a acompanhara todos os dias durante anos.

Ele sentava em sua cadeira, tomado de uma incoerência: algo nele delatava nítida impaciência. A mãe, então, em cerca de dois minutos, pousava a comida no prato do filho trabalhador, munida da velha cautela desprovida de pretensão.

Enquanto ele comia, a mãe, encostada na pia, assistia a sua mastigação, curtindo o resultado de um amor.

O silêncio era a distância restrita ao som de dois animais. Quando sentia tristeza, ela produzia ruídos na panela de ferro e o filho mastigava a mistura com maior ferocidade.

Conversavam em relâmpagos de necessidade, relação que se estendeu por uma vida de intocáveis conclusões.

Um dia ele chegou e sentou-se no lugar marcado. A mãe botou lentilha, arroz e batata. O prato repleto de boa intenção. Ela, então, foi lavar louça com água e pouquíssimas lágrimas de sal. O amor já saía pela porta dos fundos, quando ele se aproximou e, passando a mão em ombros que se contraíam, disse:

— Peço apenas que me desculpe.

Ladrilhos

Se o lenço da discórdia
é uma rosa ainda incrustada
nos ladrilhos,
ouço tiros
cabras
desafios.
Leonel dá nó no apito.
Rosenilde amava Vargas.
Salomé dorme em tapumes.
Alegria não é virtude
apenas rosto malogrado em desajuste:
facas pontiagudas
marcha fúnebre
músculos oblíquos.
Como desabam os cílios
no calmante que me leva deste dia.
E eu ia, eu ia,
e não chegava nunca,
eu fraquejava,
eu que podia,
ou achava
e comovia
ver-me em estado de euforia
aos cumprimentos no velório.
Mas saibam:

é ódio.
Eu sei.
Do óvulo.
Das prenhas
certezas de Deus
no próximo:
o cordeiro pródigo
o óbvio
o triunfal.
E no entanto discordar do Pai,
em mim,
produziu mágoas,
dor anal,
humildes incertezas.
Leonel cuidou das telhas.
Rosenilde pôs os pratos.
Salomé deixou avisos.
Este é o amor que persigo:
ver meu filho,
o corpo nu,
sua rosa intacta,
reluzindo sobre o frio deste ladrilho.

Rentrée

Deus quase nos levou um filho.
Deus quase nos levou.
Levou.
Embora não levasse tudo ou
nos conduzisse por nuvens de granito
sobre um chão intacto.
Fiz comigo um pacto:
que partíssemos a esmo
para aonde
para quê?
Não sei.
Para isso:
enfim, gerar um filho.
Outro não.
O mesmo.

Fugidio

Tentarei ser breve:
tive um filho.
Olor de febre,
espasmo fugidio,
não importa,
foi passagem,
foi meu ricto.
Vacas sobre o estrume,
dente em queda,
gotas de perfume.
Dadá sabe, eu já tentava há tempos
despertar em meio aos desatentos.
Sorte,
vagos tormentos,
conflitos por nada,
família organizada.
Josefa escova os dentes,
sangrando a gengiva —
sua alma lavada.
Por mais que se ofereçam
doces às crianças,
nada deixará soterrado,
agouros da infância:
paus quebrados
tanta lama

vaso intacto.
Deus há muito nos disserta
sobre a luz nas cordilheiras.
Pôr do sol,
fundas olheiras
rasos pesares.
De toda a dor que tenho
somente uma com tanta força
me invade:
quase perco o filho.
Não era de vidro,
porcelana,
cristal líquido,
o meu pupilo.
E, sim, o meu sorriso.

Gosto das uvas

Quando a mão tocou nas uvas,
pareceu-me a violência de pessoa
não lembrada.
O pátio habitado por flores de maio,
a dor do cavalo em rédea curta.
No almoço, faltou gosto na buchada:
— Que doçura!
Emília Alcina tem orelhas
e ouve agulhas pra rogar maldades
que não têm fronteiras:
— Marlene é puta.
Dizem, dava a mama por dinheiro
ao filho de madame Lúcia
e o bezerro só cresceu
sabendo da verdade impura:
— É puta!
Rezava pra Virgem Maria que lhe
apregoou no rosto duras rugas:
— Homem não tem vez!
Já Marlene, prestativa,
deitava-se lá no armazém das frutas:
— Um de cada vez!
Seu corpo é o pasto de Deus,
onde amar ainda é plantar sementes
num terreno oco.

E lhe aprazia a virgindade
que era rogada ao outro.
— Isto é religar,
disse-me um padre tão certeiro
em seu conselho.
Pois o trabalhador volta da lavra,
afia a faca,
rompe os drenos:
traição é o seu degredo.
E, ao se manchar no esterco,
põe os pés em casa,
tentativa de fazer silêncio:
— Sinta o cheiro.
Parecia um vento
que passou de tarde e era amor
em outros tempos.
Mas Emília faz da própria conta
a conta dos pecados,
dos unguentos:
Belinda não mata galinhas.
Sobral virou padrasto.
Ricardo aparta brigas.
E quem tiver a boca doce que me diga:
Quem busca a verdade?
Quem vive a mentira?
Lucas abriu bar em frente à Igreja:
— Dá mais lucro na cerveja!
Na sede do cristão que louva a Deus

não falta a embriaguez
pra transformar mocinha em puta,
gatuno em vigário
e prato com vela em macumba.
Assim disse Marlene
quando a patroinha lhe atirou na rua:
— Deus quer a seus filhos,
belas uvas. Depois que as come,
cospe o bagaço sem culpa.

Rolinha

Um dia, Ricardo,
erguendo seu chumbo,
sangrou uma rolinha.
A pobre coitada,
mesmo caída,
levou com soleira,
pau d'água, pedrada,
rancor pena a pena.
Valeu-lhe a sentença:
Quem ergue se deita.
Moleza,
lombada,
maldade encostada,
"tem dez lá nas telha",
gritou-me o muzenga.
E olhando pra esquina,
me deu nas oreia.
Chorei, chorei,
ninguém me cuidou,
deitei-me na areia,
jurando vingança
pra esse atirador.
Meu pai se achegou,
rezou uma novena
e a ave pequena

ele mesmo enterrou.
Depois me aninhou,
mexeu nos piolho,
loguinho sarou.
Embora na gente,
pra dor ser semente,
precisa um demente
tirar a vidinha
da jovem rolinha
que pouco voou.

Fecundo

Eu voltava para casa
sempre cheio de hematomas,
ossos quebrados,
crânio dividido entre ser aquele
e ser
eu.
Mas resolvi.
Seria eu:
22 ossos com fissuras
entre mim e a família.
Pequenas rachaduras
frestas
e
rompidas aberturas para a vida,
essa vermelha tinta
nessa solidão
mais que assumida.

Bordado incompleto

Virgínia é uma beleza. Mastiga chicletes e sai pra fazer compras. Tem treze anos; sai com a bolsa da mãe. Digita as despesas na calculadora e faz questão de certa marca de feijão.

Ácida como a polpa de uma fruta, sua casca, sua compreensão madura, é a ingenuidade de quem nunca amou. Aprendeu a organizar-se muito cedo. Anota os recados, regula a temperatura da geladeira e inclui ingredientes que estão fora do cardápio.

Inventou novo prato: frango regado ao molho de maçãs. "Que veneno!", disse o pai, surpreso. Mas o aplauso a fazia limpar chão. Então, Virgínia prometeu não mais cozinhar pro pai, se não fosse o puro arroz com feijão. Sentiu-se amarga, meramente ácida, como se revestida por espessa película. E maquinou: mãe que é mãe cuida da filha.

Em todos os lugares seu pequeno coração brilhava como louça e espatifava-se na dúvida.

Vivenciar o dia como mal-amada era bem fácil, sabia. Mas prosseguir num território de paixão, como quem esquece os deveres, como quem só tem na cabeça o objeto amado, era o terror e a angústia de quem bem conhecia as marcas dos feijões. Voltou atrás. Pensou que a mãe devia cuidar mais dela, pois havia fragilidades em sua vida de criança.

Toda noite, um cigarro roubado na mão. E um fósforo que a decepciona no primeiro atrito. O caderninho de afazeres, o bordado incompleto, o cigarro aceso e as preocupações: fragilidades em sua vida de criança.

Ela era uma beleza. Acesa. Em cinzas.

Pecado futuro

Quero os dotes que o meu corpo não tem.
Lúcio amava Ana Terra.
Arnaldo Jangada matou Eliana.
Regina de Andrada tinha varizes.
"Tão bom ver essa gente!", dizia minha avó
em tom de conselho,
raspando a tigela,
a boca torturada.
Farei quinze anos quando der na telha.
A luz da tarde aproxima as pessoas,
desejosas de um pecado futuro.
Pois penso que água de torneira mata a sede
melhor que qualquer coisa.
Se tem bichinho?
Vive em mim.
Cresce comigo.
Não vale a pena o estômago gritante,
as vísceras em espasmo.
Pássaro preto, segundo meu pai,
baixa a cabeça e repia os pelo.
Qué carinho de dedo grosso,
canta pros dono inté de noite.
Mas foge.
Quando lhe dão brecha,
foge.

E assume essa certeza.
Eliana, que era santa, deu pra andar
com Jacinto nas costas do marido.
Bem feito! Quem mandou?
Pois que Ana Terra nunca reparou em Lúcio.
Moço tão estudioso!
E Regina desaconselha o uso das meias Kendall.
Há um pequeno defeito ainda louvável nas
mulheres:
são capazes de voar sem asas.
Podem casar, baixar cabeça,
raspar tigela, repiá os pelo,
mas não dispensam o céu que nos encobre
o exíguo modo de sonhar.
"Tão bom ver essa gente!", dizia minha avó,
estancada na janela,
a infância torturada.
Eu era ainda uma criança
em meio aos conselhos:
menino sem sexo
luz da manhã
pássaro preto na gaiola.

Rarefação

De infelizes,
restamos nós:
eu, Moa, Arlindo e Caruca.
Também nos faltava aceitar
a capitania dos portos,
os escambos,
o vaivém de inúteis
nos vãos da cidade.
Até certa idade,
Deus nos fez meninos
de sexos limpos,
frente e verso,
em páginas lisas de linho.
Depois, quando a felicidade
partiu do nosso ninho,
devagarzinho
nos tornamos
homens de brio,
somente o calafrio,
cobertos em cachecóis de ouro fino.
Também ninguém perdoara
a capitania dos portos,
os escambos,
o vaivém de inúteis,
sangrando nas valas

se há tanta beleza
e poesia tão rara.

Nos vãos do mundo

Por entre os dedos do menino escorre
a areia do mundo infinito:
Jacira não desconta um mínimo
nas contas do armarinho,
sabe argumentar e diz:
— Deus é uma fraqueza,
distração dos ímpios.
Salete arruma os documentos,
registro geral de tormentos,
certidão inválida de nascimentos.
Trairá o marido na tarde do dia
cinco de janeiro.
Sabe como disfarçar e diz:
— Deus é uma beleza,
perdição dos lírios.
Cosme senta na calçada,
ajusta na boca o cigarro de palha.
Morrerá mais tarde por incompreensão divina,
quando há chance, ele nos fala:
— Deus é uma tristeza,
choração dos filhos.
Houve um senão.
Quando me ensinaram a descascar laranjas,
sonhei que cortava por inteiro a minha mão.
— Ai, mas que desgraça!

disse Alzira
à porta da imaginação.
Tenho pelos, dificuldade nos joelhos
e um namorado antigo que não mais me quer
tão atingida na provocação.
Mas abrigo nos ovários uma doce repulsão.
Não poderei ter filhos,
a barriga inchada mês a mês delata
inútil menstruação.
E devo manter sempre o ar de sala,
de desilusão.
Se, desperta, eu me meter a imaginar besteira,
a família aí me trata na colher
sem perceber que é puro senso reprimido de mulher.
Orlando tem um rosto lindo.
E eu, corpo sorrindo, descubro
que não vale nada se me ponho estática
diante de tanta beleza sem sentido.
Aliás, amor não é isso,
é um pedaço dele que ainda desconheço.
Pode ser a carta.
Ou à ponta da língua, o selo.
Nuvens me arrastam como se o levassem
de joelhos rumo à estreitez de meu desejo.
E estou completamente pálida de medo,
eu que prefiro ousar naquilo que minto:
Deus é um menino.
Cabelo ao lado

cachos caindo.
Deixo escapar a vida por entre
os vãos de Seus dedinhos.

Proteção

— Coloca os sapatos, menino!
— Por favor, mãe! Eu não quero!
— Como não quer, vai machucar. E quem vai esfregar a casca durante horas? Eu?
— Mãe, você não escuta. Deixa eu brincar descalço um pouquinho? É tão bom, ninguém vai morrer!
— Cala a boca, menino! Morrer? De onde tirou isso? É o que me faltava ouvir de um filho... Onde já se viu? Cinco anos!
— Mãe, olhe bem, o mundo está descalço.
Lembrou-se, então, que, ao nascimento do poetinha, ela própria se encontrava descalça. O chão ficou gelado, o coração também: o medo de perdê-lo.
— Mãezinha, quando papai partiu, você se lembra, deixou todos os sapatos, foi embora descalço...
Agora ela pensava em morrer como nunca antes, a grande dívida na loja de calçados, o primeiro nó no cadarço, o nó persistente no seu coração.
— O que foi mamãe?
— Quero ir descalça também!
O menino achou graça, pois nunca tinha visto a mãe perdida. Em qualquer pé, a possibilidade da ferida. E imaginou quanto ela pecou na vida por usar sapatos e que, felizmente, estavam todos descalços.

Diário

Gosto de você como quem
bebe leite
come pão
bolachas ao meio-dia
feitas por Tia Alzira —
o nó nos teus cabelos.
Como quem deixou pra trás
si mesmo
num caminho de pedras
e cascalhos.
Quando mastigavas o alho,
eu recusava beijos.
Se fiquei vermelho,
perdoa-me o santo de barro,
areia dura
mais cascalhos
pedindo carona na estrada de terra.
E o amor não cessa.
Se os nossos pés andam descalços,
fiquemos juntos à espera.

Natural

O negativo,
o embrionário,
invade os pulmões
como nuvens de cigarro
se movendo:
— Está nascendo.
O corpo dele se esvaindo,
o dela ainda gemendo,
incendiados pelo vento
que semeia cinzas.
Elvira compõe
uma canção caipira:
Sentimento meu é ilha.
Vagalumes se bastam.
Outros animais recorrem
ao leite, peito,
fermento,
plataformas de cimento,
um cento,
roupas para namorar.
Natural é se enganar
perder-se a tempo
para nunca se encontrar.

Monotonia

O eclipse lunar
que se apossou de minhas retinas
livrou-me do amar
e da fome entre necessidades líquidas.
As luvas incendeiam as mãos
que tocam no afeto
como um grão —
morto objeto
pausa do inseto
nódulo pétreo
na casca do pão.
Eu queria tudo
mas disse que não.
Chão, marcas, freadas
ou soma de passos de pura aflição.
Não posso me dar.
Meu jeito de amar,
lamento informar,
não é nada são.

Labaredas

No dia em que transpus o objeto azul
na sala de estar
lembrei Cordélia a se envergar no muro:
— Vem cá, vagabundo!
Galhos caducos,
jaboticabas prenhas,
vestidos bem curtos,
mortais labaredas,
inauguravam o mundo
de frágeis fronteiras.
Eu antes quis ser rei de bailes,
vez casamenteira,
lua cantareira
homem de bobeira.
Mas fui presa fácil de Cordélia
que, embora freira,
despertou-me tal coceira.
Não fugi da culpa,
da certeza:
sou apenas outro da linhagem que se queima
e ateia fogo no próprio corpo
que é de outro.
Não é meu.
É do tinhoso,

do leseira
da mulher que me incendeia.
Que alguém leia:
pra gozar não existe senha
embora tenha quem se refugie na cerveja,
na noção de lenda,
de psicanálise,
de justa renda
e estanque todo gesto imundo
na gaveta.

Máquina

Meu coração funciona
por ligação direta.
A bandida escolhe a vítima
arranca o painel
desenrola os fios
cria um curto-circuito.
Liga o motor
que pulsa.
Sai tranquilamente e o abandona
num terreno baldio.
Desmonta peça por peça
até tirar rodas e janelas.
Meu coração funciona
por ligação direta.
Depois da paixão,
torno-me apenas
carcaça do que eu era.

Compotas

Quando fui buscar o doce em calda
que Marisa fez pra mim,
lembrei com calma:
não foi pra isso que eu vim.
Havia compotas sobre a mesa,
suavidade dentro d'alma:
— Que surpresa!
Sem escutar o ruído das vespas,
transformei as frases indecisas
em pura certeza:
— Que beleza!
Mas os figos mergulhados,
imóveis no espesso melaço,
despertaram meus ardis:
foi pra outra coisa que eu vim.
E abóboras em talhos,
sumos de ouro mastigado,
inauguraram meu fim:
E se ela disser sim?
Mamãe contara que, quando nasci,
era tempo de tâmaras:
frutas do paraíso,
mulher fácil na cama.
Eu sei, quem se apaixona,

corre o risco de ganhar a fama:
— Olha o chifre!
Vixe Santa, o coronel deitou na cama,
deu-se um tiro de espoleta
só por causa da pilantra.
Vale a pena bocejar umas dezenas,
engolir ofensas,
abaixar cabeça?
Deus, quando eu arrancar
a roupa de Marisa,
apaga o sol
sopra as neblinas
me ajuda a produzir um mel de abelha
pra preservar numa compota
o fruto da verdade verdadeira.

Noveleta

Quando Alfredo e Antonia se casaram, perceberam, com profunda dor de arrependimento, que, na realidade, não se amavam. Não podendo voltar atrás, por delírio do orgulho, sem falar no dinheiro curto, cultivaram a arte de se evitar um ao outro sutilmente.

Controlados, inerentes ao prazer comedido, enterraram desejos no centro da sala de estar. Em dez anos e meio já haviam aprendido a suportar carícias, mesmo que com limitações. Ele, nutrido de informações, absorvidas em jornais. E ela, perita em quitutes, algias, rezas e macumbas.

Quase chegaram a se amar em lapsos da consciência, ocasiões em que nasceram os filhos. Alfredo e Antonia falam, de ano em ano, que se gostam, trocam muito carinho descuidado, machucam as peles quando se perdem. Prosseguem na vida, ora sucumbidos por notícias, ora nauseados pelo equívoco.

Têm noção das coisas singelas que construíram e também param pra assistir televisão no fim do dia.

À noite, tranquilos, sonolentos, deixam as mãos se aproximarem em tarefa fraternal. Nunca se esquecem do ofício: antes do "boa noite", dizem que se amam.

Sob tijolos

Mudaram-se para outra casa.
Mas era antiga a casa, nunca nova.
Era também antiga a tentativa de reforma.
Levantaram muros,
derrubaram portas,
projetaram escadas,
removeram sobras:
restou-lhes incluir uma parede na memória.

Vale do até

Até onde eu compreenda,
não se encontra o amor batendo
em qualquer porta.
Onofre respira por meio de aparelhos.
Lucinha perdeu o pai em setembro.
Claudete contava as horas.
E eu que implorei por resposta
disse a Deus:
— Seu cafajeste!
Como se eu pudesse.
Então, tornei a palavra descrença dona do poema,
uma patroa enferma.
Há gripes que eu pego
que são particularmente sofríveis,
meu corpo acende vela pra Nossa Senhora,
com prazer mastiga o alho
depois do chá de cebola.
E me dou conta: dura uma semana.
O sofrimento também tem limite.
Por onde quer que eu caminhe
em plena sombra
me descubro retornando ao vale
das verdades mortas,
das pequenas compras:

queijo prato, pão de forma.
Olho a data de fabricação das coisas e
choro, choro, choro
um tanto afoita
um tanto pálida
e ouço que sou sonsa,
é fato, a vida não desconta,
embora haja moleques que usem congas,
bermudas, sungas, milongas.
Tolas, essas crenças de Isadora:
— Alberto, veja só, teve dinheiro com sobra,
no mundo deu mil voltas,
beijou até mulher de perna torta.
Não me importa.
Até onde eu vivi —
ferrugem, ruga, larva,
caixa, mofo, sonho,
lodo, pedra, vala,
uma parede que descasca —
só meu Deus me fez ouvir:
Deixa o Onofre ir.
Deixa descansar.
Deixem-no sorrir
em outro lugar.

Dá dó

Morri. Estou livre.
Mesmo que ainda me procurem
pela rua Vargas,
bares de pinga barata,
junto às mulheres perfeitas pra vida:
sem nome e intactas
pro amor
já fartas de cicuta íntima.
Há um veneno que ronda
as repartições,
as instituições bancárias,
as ruas encharcadas:
minhas mil ilusões.
Não enxergaremos nada,
não há nada além dos olhos.
sob os olhos de todos,
nasceremos,
morreremos,
compraremos objetos,
objetos,
declinaremos dejetos,
sem medir as quantidades
de excrementos líquidos,
nos sacos negros

dos condomínios,
edifícios
que ergueremos por princípio.
Só nos falta perceber:
estamos por um fio.
Laudinete arruma as malas.
Jovanil extrai os dentes.
Antenor aluga casas.
E me liberto desta púrpura
deste dogma
desta farsa.
Ódio ao Pai que me deu água,
estradas de conveniência rumo ao nada,
dois pés lentos,
uma faca
só pra me arrancar a alma.

Todos os dias e mais um

> para meu pai, um mineiro de Lambari

> *A cidade não mora mais em mim.*
> Chico Buarque

O calendário aponta o dia de Jesus:
as violetas estão morrendo.
Nada pra fazer
nada pra lembrar.
Sem dinheiro no bolso,
nem trocados pra enganar.
Não importa.
Há quem se esqueça que certas formas de
câncer de fato não têm cura.
Deixei-me entregue,
sapatos na rua,
pedindo pra alguém queimar meu corpo.
Nem o médico, acostumado
aos amarelos pontos de uma infecção
pode dizer que estou doente.
Pois nasci para bater em Deus.
E somos dois solitários:
ele, Único.
Eu, segundo.

Todos os dias subo a rua das Magníficas
com grande peso no meu coração.
Todos os dias viro a folhinha do calendário
e leio mais uma prece.
O Pai, o filho e o espírito desabam
nas três ilusões:
trepar
dormir
rezar.
Quinta-feira é sempre igual.
Sexta-feira ninguém quer verdades.
A poesia nasce do meu corpo como nasce o
estado de Minas Gerais.
Ajusto as barras da calça
mas não escapo da crueldade do mundo.
Quero voltar no tempo
sem remodelar a argila da memória.
Ah, bons tempos eram aqueles:
namorar, não se envolver,
beijar o espelho, meter-se em loucuras,
viver na solidão.
As famílias mal estruturadas suportavam bem
suas filhas grávidas:
— O nome vai ser Divina.
Divina é nome pra velhas.
Entrou pra dormir,
ajoelhou-se aos pés da cama
e o coração parou.

As mães estão arrependidas.
Os pais culpam-se por tudo.
Quando brota o amor, por sobre os muros,
restam apenas cacos.
Eis que eu sorria pra obter o mel,
provocando minhas colmeias,
dispersando o amor em favos.
E, de fato, não rezava
para qualquer santo —
mania de mineiro:
comer queijo branco,
tirar leite da vaca até que espirre sangue.
Aqui, na estacionada Terra,
não há prazer maior que o coito,
o aprendizado é lento
e as violetas sofrem a corrosão do tempo.
Os meses passam, pouco a pouco,
se atropelam e vivo lamentando
o meu poder em dizer não.
Todos os dias e mais um
passo as manhãs varrendo a capela
de Dona Andradina.
Tanto santo, tanta culpa.
O passado volta matando um pouco da gente.
Eu quero dizer adeus,
quero dizer perdão.
Mas isso me violenta.

Vintage

Por trás das minhas lentes
as lágrimas se ampliam.

Fria trajetória

Prudência, vida morta, coração inconsciente: amostras da fotografia na sala de jantar. Imponente, ela distribuía inveja aos olhares impuros que visitavam nosso lar, açucarado lar. Todos postos à verdade eram apenas corpos.

Minha pureza eram os tapas de mamãe em meu crânio acorrentado.

— Como ele é inteligente! Pobre Cristo!

Surpreso e orgulhoso, recebia de papai todo o mel que me fazia brilhar num mundo sem fronteiras.

— Este é meu campeão! Pobre criança! E quase tudo, entre mim e minha irmã, eram olhares desnivelados que apenas amenizavam aquela atmosfera familiar perfeita.

Mas tudo muda, passa e passará. Eu mudei verbalmente, nós mudamos intransponivelmente. O tempo foi a arma mortal contra nossa pureza.

Quanto mais caminhava sobre a vida, mais tapas recebia de mamãe na face desprotegida.

— Vai trabalhar, vagabundo! Pobre Deus desentendido!

No amargo encontro da minha personalidade mutante com os abraços curtos de meu pai:

— ...

E no corpo pouco e nos olhos fracos de minha irmã, o sentido de destruição do paraíso — seus pés eram mesmo de barro.

Bati, agredi, cuspi na alma infantil que provocava o asco.

Escarramos em nossa unidade.
Agora a fotografia fica no quarto de despejo.

Divindade

Mergulhei num sofrimento sem vantagens:
quero hóstia,
provo pétalas
e invoco Dora a me vestir sapatos.
Não são atos,
são memórias que me doem,
são fortunas que me fogem:
apenas rastros
desses filhos já criados
que, por Deus,
puseram-me no armário
como um terno
castigado e sem retrato.
São horas que me afogam
na certeza de uma ausência
sem demora.
Logo vou embora,
é cedo, é matinal,
mas é a hora
de dizer o adeus.
E aos meus,
todos os perdões de outrora.

Deus e Sua comédia

Quando tenho razão,
brinco comigo :
vai, engole, é hora de calar.
Nunca aprendi a ser tão cálido, ou melhor,
falso e esperto como dizem os políticos
bem sucedidos de minha terra.
Não adianta.
A máscara altera a minha fisionomia.
E me alerto sobre as pequenas armadilhas
do cotidiano:
os bichos andam nas paredes.
Garçons servem senhoras,
senhoras desacatam,
cospem nos seus próprios pratos.
E eu guardo a vergonha de ser tão humano.
De vez em quando dói, logo passa,
quero escrever, matar a fome,
ler nem que seja um fragmento de poesia.
Passam as horas, dias e lugares,
e o coração pequeno é violento.
Mas adora.
Adora ser beijado displicentemente em lábios,
pontas de dedos, instantâneos olhares recalcados
mais visíveis no negativo da fotografia.
Eu sei. Tenho razão.

Causo amor e ódio em meus irmãos.
Sempre que as meias estão sujas
choro como uma criança.
Assim, tive razões pra andar,
fugir, brigar, sofrer, amar.
Razões pra tudo.
Em nada resultou a construção
dos gráficos cartesianos,
do mapa erógeno do corpo,
da anatomia do homem morto.
Deus é que tem razão
quando pega em minha mão e através
dela constrói versos indecisos
mas belíssimos.
Quer ser o Tal.
Dá uma vontade de chorar
pois é tão lindo ser humilde,
deixar-se guiar pelo afã desse mistério:
amar-se só por ter escrito uma
palavra.
Ele, que é Deus, me guia pelas linhas,
sabe que estou apaixonado por uma menina,
que é o meu sonho,
minha vida.
Ele, que é qualquer coisa viva, invade sem
retórica o meu modo de sorrir,
a falsa percepção de mim mesmo.
Onde estás, que eu não O vejo?

Que assim seja.
Há razões, não posso vê-Lo.
Ainda assim O sinto
pulsando nas vênulas
nas escuras retinas
nas cordas vocais.

Polaroides

Ainda registro em polaroides
fatos neste dia azul:
volto a escrever.
Entre descensos ancorei os meus desejos.
Pleitos,
portas descascadas,
travas,
entes esquecidos.
Sem respeitar avisos,
Lucia convocou-me a ver Murilo,
que está na cama,
já não anda.
Ele me tem como amigo.
Ó, Deus frio,
criaste com cuidado estes teus filhos,
deixaste em minha memória
um falso brilho:
a estrela paraplégica é meu signo.
Então leio o que não está escrito.
E narro, aflito, este poema,
passo outrora reprimido,
frígido olhar,
espelho deste umbigo.
Onde estará Murilo?
Quero dizer que me envergonho deste ofício.

Olha o que eu fiz com seu maligno desígnio!
Uma florzinha,
é bem verdade,
ressequida,
pairando sobre a cama hospitalar,
areia movediça
entre suas pernas que se vestem
tão passivas
só para que eu diga:
— Voltei à ativa.
A fralda úmida,
desapercebida.

Canhoto

Fui forçado
(não sei,
por hábito?)
a escrever com a mão direita.
Embora canhoto,
coisa de nascença.
Na escola
colocaram-me aparelho
tal o desprezo
ou o reconhecimento da
notável diferença.
Então, instalaram-me
um prisma de silicone
sob os dedos.
Régua de professora,
aulas de reforço,
estrondos.
Pra quebrar os dedos?
Não.
Consertar inclinações,
a mão direita tremulando
e, por dentro,
verdadeiras intenções.
Toda vida forçaram-me
a ser destro

a me inclinar para a direita
embora a letra
ainda rebelde
resistiu pra se tornar poema.

O risco do malabarista sobre a linha

No canto da sala, toda mulher resmunga:
— Filho meu nunca fumou cigarro.
Os pulmões ainda respiravam íntegros, o coração batia no seu próprio ritmo. Mas no canto da cozinha, toda mulher receita:
— Vê filha de Arnalda, que perigosa, vê como é bonita.
Pulmão de filho não respira. Nem que o oxigênio a ele chegue. Coração como estacadas no peito. Filha de Arnalda é perigosa mesmo. Filho sofre muito, começa a escrever, assume a sina, cai de porre na casa da vizinha. No luxo da corda bamba, equilíbrio e desequilíbrio, imagina-se preparado para o seu novo desígnio.
Lava o rosto, faz a barba, lápis e caneta, folhas aos montes, olhos atentos. Perdeu coisas na vida, exceto a coragem que o fez malabarista das palavras. Escapou da selva, enfrentando o risco tênue da linha.
No canto da boca, toda mulher braveja:
— Meu filho é poeta.
E a outra vocifera:
— Meu Deus, que horror!

Caro Paulo Carvalho,

"Meu filho é preta.
— Meu Deus, que horror!!"

Copiei você pra dizer que li com
prazer e alegria o seu "Quintal".
É muito bom encontrar um poeta,
sentir-se refletido em suas dores
e alegrias. Drummond dizia:
"Bem, o perfume que exalas
é tua justificação." Tho quê mais?
Deenture. No quintal, Eurípides,
Polarides...
Publique seu livro, você é dos
que sabem que não se pode trocar
a andorinha
da putra asinha
que pouco voou.
      Meu abraço grande
         Adélia Prado
       30-08-2016
       Divinópolis

© 2018 Paulo Carvalho
Todos os direitos desta edição reservados à Laranja Original Editora e Produtora Ltda.
www.laranjaoriginal.com.br

Editores Responsáveis
Filipe Moreau
Germana Zanettini

Projeto gráfico
Guilherme Ginane
Iris Gonçalves

Capa
Quintal III, Guilherme Ginane. Óleo sobre papel, 75x56 cm, 2017.

Foto da capa
Everton Ballardin

Produção executiva
Gabriel Mayor

Foto do autor
Daryan Dornelles

Dados Internacionais de Catalogação na Publicação (CIP)
Câmara Brasileira do Livro, SP, Brasil

Carvalho, Paulo
   Quintal / Paulo. -- 1. ed. -- São Paulo : Laranja Original, 2018.
   1. Contos brasileiros 2. Poesia brasileira
   I. Título.

18-13274   CDD-869.3
-869.1

Índices para catálogo sistemático:
1. Contos : Literatura brasileira   869.3
2. Poesia : Literatura brasileira   869.1

FONTE Heuristica
PAPEL Pólen Bold 90 g/m²
IMPRESSÃO Forma Certa